I0485385

GESTION EFICIENTE

DE CARTERAS

© Ángel Rodríguez Calcines
Primera redacción, 1993
Arucas (Las Palmas)

ISBN: 978-1-4461-3579-2
Depósito legal: GC 520-2010

Prohibida toda reproducción total o parcial sin autorización previa.

0. INDICE

1. INTRODUCCIÓN. LA DIVERSIFICACIÓN COMO OBJETIVO.

Cuando decidimos realizar una inversión esperamos con ella obtener una cierta rentabilidad (cuanto mayor sea, mejor), pero al mismo tiempo asumimos que normalmente tendremos que soportar un riesgo que generalmente será mayor cuanto mayor sea el rendimiento que esperamos obtener. Esta situación es especialmente clara en la inversión en valores mobiliarios.

El primer paso del ANÁLISIS DEL VALOR consiste en el cálculo de su rentabilidad y riesgo, y esto implica estudiar la economía, el sector en cuestión y la propia empresa en particular mediante los instrumentos de análisis que nos proporciona el "Análisis Fundamental". El "Análisis Técnico" nos debe indicar el momento adecuado para cerrar una operación de compra/venta. Una vez definido el binomio rentabilidad/riesgo de cada valor, el siguiente paso ANÁLISIS DE CARTERA toma las características de cada valor sobre su rendimiento y riesgo, y considera el efecto que la combinación de valores tendrá sobre la cartera en su conjunto. La SELECCIÓN DE CARTERA consiste en elegir la cartera que mejor se ajuste a las características y preferencias de cada inversor. Finalmente el proceso continúa con la GESTIÓN DE CARTERA que es la función dinámica de evaluación y revisión de la cartera.

Como ya hemos establecido, un punto de partida básico en la gestión financiera es que, además del rendimiento de cualquier inversión, es preciso tener en cuenta el riesgo que una operación de inversión conlleva. La decisión de invertir debe tener en cuenta, al menos y de forma fundamental, estos dos parámetros.

Una vez que hemos asumido que el riesgo no es conveniente, uno de los objetivos de la gestión financiera será reducirlo o eliminarlo. En la práctica es bien conocido que un método de reducir el riesgo es diversificar las inversiones (no poner todos los huevos en una misma cesta).

Supongamos que tenemos dos títulos que pueden rendir un 10 o un 11%. Si invertimos en uno de ellos, el valor esperado será de 10.5, pero obtendremos o bien 10 o bien 11% con un 50% de probabilidad para cada resultado.

Sin embargo, si invertimos a partes iguales entre los dos títulos, tendremos los rendimientos que se reflejan en el siguiente cuadro:

A/B	10	11
10	10	10.5
11	10.5	11

Probabilidad de obtener 10.5= 50%

Probabilidad de obtener 10.0= 25%

Probabilidad de obtener 11.0= 25%

Es decir, que reducimos el riesgo a causa de la diversificación. Es este el primer objetivo de la gestión de carteras, el cual se logra aplicando las técnicas de análisis que se describen en este trabajo.

2. UNA CARTERA DE VALORES ÓPTIMA. EL MODELO DE MARKOWITZ.

En general, el inversor a la hora de formar una cartera de valores trata de combinar los diferentes activos de tal modo que la cartera formada le garantice "rentabilidad", "seguridad" y "liquidez" aceptables. Pero en realidad se trata de objetivos incompatibles entre sí; en mayor o menor medida existe un claro trade-off entre al menos el rendimiento y el riesgo.

La diversificación NAIVE es la primera idea que surge de la diversificación. Esta consiste en simplemente tomar valores que tengan poca relación entre si, como valores de sectores distintos, etc.

La principal aportación de Markowitz (1952) reside en haber recogido de forma explícita en su modelo los rasgos fundamentales de lo que hasta el momento se venía haciendo de forma racional, pero sin criterios científicos, consistente en buscar una cartera que maximice la rentabilidad para un determinado nivel de riesgo, o bien que minimice el riesgo para un nivel de rentabilidad dado.

Para medir el rendimiento. Markowitz utiliza 1a media o esperanza matemática del rendimiento que el inversor espera obtener en el futuro, que sólo se conoce en términos de probabilidad, y como medida del riesgo la desviación típica o varianza de ese rendimiento esperado, es decir, la dispersión de los datos reales alrededor del valor esperado del rendimiento.

1.1 RENDIMIENTO Y RIESGO DE UN VALOR INDIVIDUAL

A efectos de la teoría de selección de carteras, se define el rendimiento como:

$$R_{it} = \frac{D_{it} + P_{it+1} - P_{it}}{P_{it}}$$

Siendo:

- R_{it}: Rentabilidad de i durante el periodo t.

- D_{it}: Dividendos (o intereses) percibidos más derechos de suscripción (consideremos, por comodidad, que se venden todos).

- P_{it+1}: Precio de mercado de la acción i al final del periodo t.

- P_{it}: Precio inicial.

El rendimiento es una magnitud conocida a posteriori, pero a priori se trata de una variable aleatoria que tomará distintos valores con sus correspondientes probabilidades o distribuciones de probabilidad. La esperanza nos da una medida del rendimiento medio del título, mientras que la varianza (o desviación típica) nos da una medida de la dispersión de los rendimientos con respecto a la media.

1.2 RENDIMIENTO Y RIESGO DE UNA CARTERA

Una cartera es una combinación de valores mobiliarios en determinadas proporciones llamando X_i para i=1,2.3,.......N a la parte que el inversor destina del total de su inversión a la compra del valor i, N al número de valores que formarán su cartera y R_i al rendimiento esperado para cada título.

El método de Markowitz parte de la consideración de un número de títulos para formar la cartera. Cada uno generará un rendimiento determinado con su correspondiente volatilidad o riesgo y con ciertas interacciones (correlaciones) con los rendimientos de los demás títulos.

El objetivo es construir una cartera combinando todos los títulos en determinadas proporciones de modo que se cumplan dos condiciones equivalentes:

1. Que la volatilidad de la cartera sea mínima.

2. Que el rendimiento promedio sea máximo.

De esta forma podremos obtener un conjunto de carteras eficientes que cumplen esa doble condición. El conjunto de carteras eficientes suele denominarse "Frontera Eficiente" que define las alternativas de inversión caracterizadas por sus propiedades básicas de riesgo y rendimiento, como veremos a continuación.

Una vez definida la proporción X_i y R_i el rendimiento del valor i (expresado en tantos por uno), el rendimiento de una cartera R_p vendrá dado por:

$$R_p = X_1 R_1 + X_2 R_2 + \cdots + X_n R_n = \sum_{i=1}^{N} X_i R_i$$

y su esperanza se define como:

$$E[R_p] = E_p = \sum_{i=1}^{N} X_i E_i$$

en donde E_i es la esperanza de R_i. Por otro lado, la varianza de la variable aleatoria R_p será:

$$Var(R_p) = \sigma_p^2 = \sum_{i=1}^{N} X_i^2 \sigma_i^2 + \sum_{i \neq j}^{N} X_i X_j \sigma_{ij}$$

en donde Var (R_p) es la varianza del rendimiento de la cartera p, σ_i^2 la varianza del rendimiento del título i, y σ_{ij} la covarianza de los rendimientos de los títulos i y j.

Para calcular los valores de E_p y σ_p^2 hay que estimar antes los valores de E_i, σ_i^2, σ_{ij} lo cual puede hacerse a partir de datos históricos. En ese caso, las medias, varianzas y covarianzas poblacionales se estimarán a partir de los correspondientes valores muestrales, los cuales serán tanto más representativos cuanto mayor sea el tamaño de la muestra.

Podemos concluir por tanto que los tres factores que determinan el riesgo se reducen a:

1. La proporción de cada valor en la cartera.

2. La varianza de cada valor.

3. El coeficiente de correlación entre todos los valores.

1.3 EL MODELO DE SELECCIÓN DE CARTERAS DE MARKOWITZ.

El modelo para la selección de carteras "media-varianza" de Markowitz parte de los siguientes supuestos fundamentales:

1. El rendimiento de un título sigue una variable aleatoria, cuya distribución de probabilidad es conocida por el inversor.

2. Se toma como medida del riesgo la varianza o la desviación estándar de la variable aleatoria que describe el rendimiento.

3. La conducta del inversor le lleva a preferir aquellas carteras de mayor rendimiento y menor riesgo.

La búsqueda de la cartera óptima es explicada por el modelo de Markowitz en tres etapas:

A) DETERMINACIÓN DEL CONJUNTO DE CARTERAS EFICIENTES.

Se dice que una cartera es eficiente cuando proporciona el máximo rendimiento para un riesgo dado, o bien proporciona el mínimo riesgo para un rendimiento dado.

Por lo tanto el problema se reduce a maximizar[1]

$$E_p = \sum X_i E_i$$

sujeto a:

$$\sigma_p^2 = \sum \sum X_i X_j \sigma_{ij} = V \ (Varianza)$$

donde:

$$X_1 + X_2 + \cdots + X_n = 1$$

$$X_1, X_2, \ldots, X_n \geq 0$$

---

[1] En adelante, la expresión $\sum$ equivale a $\sum_{i=1}^{N}$

Esta optimización nos permitirá obtener el conjunto de carteras eficientes.

Gráficamente obtendremos una figura tal que

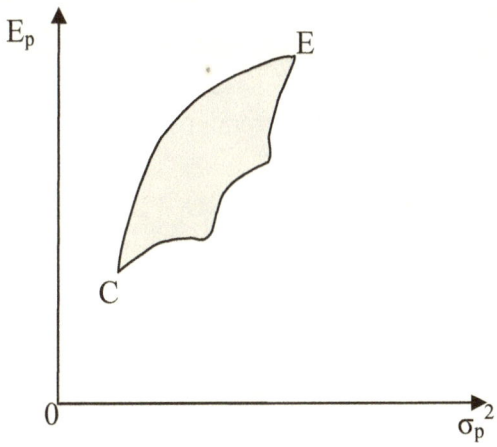

La zona sombreada es la región de soluciones posibles, es decir, el universo de carteras existentes en un mercado que se suele denominar como "Oportunity Set", La curva CE es la curva de carteras eficientes, que ya hemos definido como "Frontera Eficiente", cuyas carteras nos proporcionan un valor de E_p máximo para cada valor de σ_p^2, o un valor de riesgo mínimo para cada valor de E_p (rendimiento). Entendemos que una cartera no es eficiente si existe otra con mayor rentabilidad y menor riesgo, o bien si existe otra con igual rentabilidad pero menor varianza.

B) ESPECIFICACIÓN DE LA ACTITUD DEL INVERSOR FRENTE AL RIESGO.

Para determinar la cartera óptima del inversor hay que especificar sus curvas de indiferencia entre ganancia y riego, cuya forma dependerá de su función de utilidad, que obviamente será distinta para cada inversor.

Una forma bastante usual y aceptada[2] de presentar las curvas de indiferencia es la forma típica que adoptan tales curvas cuando el consumidor se enfrenta a la elección entre un bien y un mal, siendo en nuestro caso el bien la rentabilidad, y el mal el riesgo.

La forma de las curvas de indiferencia se corresponde por tanto a:

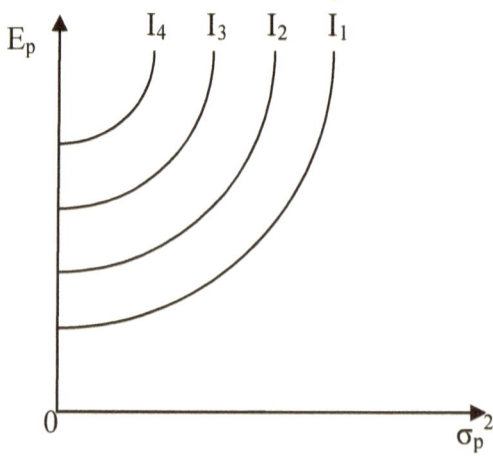

C) DETERMINACIÓN DE LA CARTERA ÓPTIMA.

Según lo visto, la cartera óptima se corresponde con el punto C_0 en el que la curva de carteras eficientes CE es tangente a la curva de

---

[2] La demostración de que la frontera eficiente es convexa respecto al eje de abscisas, así como la deducción de las curvas de indiferencia, puede encontrarse en A. Suárez Suárez, Decisiones óptimas de inversión y financiación en la Empresa, Ed. Pirámide, 1991, págs. 458-466.

indiferencia I_2. Es decir, la cartera óptima viene definida por la combinación de ganancia-riesgo (E_0, V_0).

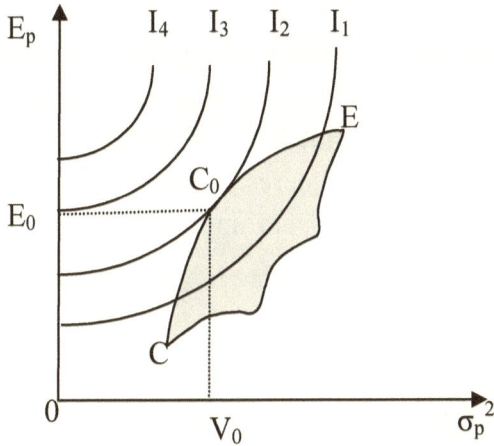

Una vez obtenido C_0, si sustituimos V_0, en el programa a maximizar (o E_0 en el de minimizar), obtendremos la combinación de valores $(X_1, X_2, \ldots\ldots X_n)$ que nos dice como tenemos que distribuir la inversión entre los distintos valores para obtener la cartera óptima.

2. LA SIMPLIFICACION DE SHARPE. EL MODELO "DIAGONAL".

A pesar del avance que el modelo de Markowitz suponía para la economía financiera, este presentaba un importante problema en lo que se refiere a su aplicación práctica: la estimación de los parámetros del modelo (medias, varianzas y covarianzas). Para tomar la cartera óptima interesará tener en cuenta cuanto más títulos, mejor. En concreto, para un número de títulos igual a N, el número de estimaciones serían:

- N rentabilidades esperadas.

- N varianzas de dicha rentabilidad.

- $(N^2-N)/2$ covarianzas.

 es decir, un total de estimaciones:

$$\frac{N(N + B)}{2}$$

Si queremos buscar una cartera optima, a partir de 400 títulos que coticen en la Bolsa de Madrid, el número de estimaciones a realizar será de 80.600. Si añadimos tan sólo un nuevo título a la cartera las estimaciones se elevan a 81.002, es decir 402 nuevas estimaciones: una esperanza, una varianza y 400 covarianzas.

Todo ello pone en evidencia la capacidad práctica del modelo de Markowitz.

2.1 EL MODELO DIAGONAL

Para facilitar la aplicación práctica del modelo de Markowitz, Sharpe introduce una suposición importante en el modelo. Considera que la dependencia estadística entre los rendimientos de los diferentes títulos no es una dependencia directa, sino derivada de la relación con otras variables tales como PNB, IPC, índices bursátiles, etc.

De sus estudios se ha considerado como el más relevante el caso en que el rendimiento esperado dependa de un solo índice, siendo este el índice bursátil o índice de mercado.

Sharpe supone que la relación de dependencia entre dichas variables viene definida por un modelo econométrico del tipo:

$$R_i = a_i + b_i I + e_{it} \quad ; i=1,2,.....,T$$

en donde R_i es el rendimiento del título i durante el período de referencia e I un índice bursátil (variable explicativa). La base temporal de este índice debe coincidir con la de R_i. e_i es la perturbación aleatoria, factores que influyen en el valor de R_i y que son independientes del mercado. Estos factores dependen de las características propias de cada título de ahí que se tome su varianza como medida del riesgo propio del título; b_i, parámetro a estimar, que nos indica cómo afectan las variaciones de I sobre R_i. Es la medida del "riesgo sistemático" o de mercado del título, también llamado coeficiente de volatilidad; a_i parámetro a estimar, que expresa la parte del rendimiento de i que es independiente del mercado; N, número de valores que cotizan en el mercado.

Si disponemos de t observaciones muestrales para el par de valores (I_i, R_{it}) donde t=1,2,........T, obtenidas a partir de series históricas de dichas variables, los parámetros a_i y b_i se podrán estimar utilizando

15

algunos de los métodos de estimación conocidos, siendo el más habitual el de los "mínimos cuadrados".

Para cada par de observaciones muestrales (I_i, R_{it}) se tendrá una relación del tipo

$$R_{it} = a_i + b_i I_i + e_{it} \quad ; t, i = 1, 2, \ldots, T$$

Considerando las hipótesis normales (hipótesis de regresión lineal simple) respecto a la perturbación aleatoria (media nula, homocedasticidad, no autocorrelación y normalidad), obtenemos la esperanza y varianza del modelo econométrico:

$$E[R_i] = E_i = a_i + b_i E[I]$$

$$\sigma^2(R_i) = b_i^2 \sigma_i^2 + \sigma_i^2$$

donde $\sigma^2(R_i)$ nos da una medida del riesgo total del título i; siendo el riesgo sistemático o de mercado, $b_i^2 \sigma_i^2$ y el riesgo propio o especifico de cada título, σ_i^2.

Como sabemos el rendimiento de una cartera se expresa mediante la expresión $R_p = \sum X_i R_i$ y como a su vez $R_i = a_i + b_i I + e_i$ sustituyendo obtenemos que:

$$R_p = \sum X_i a_i + b_p I + \sum X_i e_i$$

en donde,

$$b_p = (X_1 b_1 + X_2 b_2 + \ldots + X_n b_n)$$

es el riesgo sistemático de la cartera, es decir el grado de intensidad con que las fluctuaciones de mercado inciden sobre la variabilidad del rendimiento de la cartera p.

Así mismo obtenemos como esperanza

$$E[R_p] = E_p = \sum X_i a_i + E[I] \sum b_i$$

y varianza:

$$\sigma^2(R_p) = \underbrace{b_p^2 \sigma_p^2}_{\substack{\text{riesgo} \\ \text{sistemático}}} + \underbrace{\sum X_i^2 \sigma_i^2}_{\substack{\text{riesgo} \\ \text{no sistemático}}} = \sigma_p^2$$

El modelo se denomina diagonal debido a que la matriz de varianzas-covarianzas es diagonal, siendo nulas todas las covarianzas ya que la fórmula

$$\sigma^2(R_p) = b_p^2 \sigma_p^2 + \sum X_i^2 \sigma_i^2$$

Se puede expresar en forma matricial como:

$$\sigma_1^2 = [X_1, X_2, \ldots, X_n, b^p] \cdot \begin{bmatrix} \sigma_1^2 & 0 & 0 & \ldots & 0 \\ 0 & \sigma_2^2 & 0 & \ldots & 0 \\ \ldots & \ldots & \ldots & \ldots & \ldots \\ 0 & 0 & 0 & \ldots & \sigma_n^2 \\ \sigma_I^2 & 0 & 0 & \ldots & 0 \end{bmatrix} \begin{bmatrix} X_1 \\ X_2 \\ \ldots \\ X_n \\ b_p \end{bmatrix}$$

Como se deduce fácilmente el número de estimaciones se reduce considerablemente con el modelo diagonal de Sharpe. En concreto el número de estimaciones a efectuar será de: 3N+2

Con el modelo de Markowitz, y para 400 títulos, el número de estimaciones era de 80.600, mientras que con el modelo de Sharpe, para igual número de títulos, se reduce a 1.202.

2.2 DIVERSIFICACIÓN Y REDUCCIÓN DEL RIESGO

Como ya hemos visto, el riesgo total de una cartera viene dado por

$$\sigma^2(R_p) = b_p^2\sigma_p^2 + \sum X_i^2\,\sigma_i^2$$

en donde b_p, es el riesgo sistemático de la cartera, es decir la parte del riesgo debido al mercado. Este riesgo podrá reducirse con una diversificación adecuada, pero nunca eliminarse completamente.

Sin embargo, la parte del riesgo debido a las características propias de cada título (riesgo no sistemático) que viene dado por

$$\sum X_i^2\,\sigma_i^2$$

si que se puede hacer desaparecer completamente con una diversificación adecuada tal y como se indica en la figura

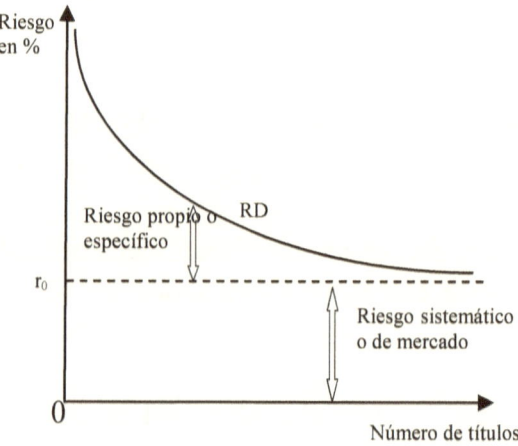

Si hacemos $X_i=1/N$ (que todos los títulos representen igual proporción en la cartera) y suponemos que $\sigma_i^2 \geq K$, siendo una constante positiva conveniente, tendremos que

$$\sum_i X_i^2 \sigma_i^2 = k/N$$

Donde cuando N tiende a infinito, la expresión tiende a cero. Es decir que ni siquiera hace falta que los títulos de la cartera tengan un riesgo especifico reducido; basta con incluir en la cartera un número lo suficientemente elevado de títulos.

3. EL RIESGO Y LA LÍNEA CARACTERÍSTICA DEL MERCADO

El rendimiento de un determinado valor está afectado por dos tipos de riesgos:

-Riesgo propio o específico, que llamaremos "riesgo no sistemático", que depende de las características propias de la entidad a la que se refieren los títulos: competencia de la gerencia, investigación y desarrollo, solvencia financiera, tamaño, etc. También se conoce como riesgo diversificable pues este riesgo se puede reducir (e incluso eliminar) con una diversificación conveniente.

-Riesgo de mercado o "sistemático", que no depende de las características del título, sino de otros factores más generales como la coyuntura económica que afectan al comportamiento de las cotizaciones. También se conoce como riesgo no diversificable porque nunca se podrá eliminar por medio de la diversificación[3], dada la correlación existente entre el rendimiento de cada título con el de los demás a través de un índice bursátil que resume la evolución de los precios en el mercado de valores.

Distribuyendo el capital entre varios títulos se evita el riesgo específico de cada uno de ellos, pero no el riesgo derivado del sistema económico o del sistema financiero.

En este apartado nos centraremos en cómo determinar el rendimiento y riesgo de los activos a partir de datos históricos.

---

[3] No obstante hay autores que sostienen que tal diversificación es posible actuando en los distintos mercados internacionales.

3.1 LA LÍNEA CARACTERÍSTICA DEL MERCADO

El modelo más conocido para estimar rentabilidad y riesgo de títulos mobiliarios es el llamado "modelo de mercado" de Sharpe, en el que se parte de la dependencia de tipo lineal existente entre el rendimiento de los títulos y el índice del mercado. Para homogeneizar el significado económico de las variables independiente y dependiente, Treynor sustituyó el índice de mercado I por su rendimiento, es decir,

$$R_{Mt} = \frac{I_{t+1} - I_t}{I_t}$$

con el que el "modelo de mercado" de Sharpe pasa a tomar la forma:

$$R_{it} = \alpha_i + \beta_i R_{Mt} + \varepsilon_{it} \quad ; \quad t, i = 1, 2, \ldots, T$$

El coeficiente β_i, nos da la medida del riesgo sistemático o de mercado. Cuanto mayor sea β_i, más afectará a la evolución de R_{it}, es decir nos da el grado de vinculación de la rentabilidad del título i con el mercado[4] siendo σ^2 la varianza de R_{Mt}

Entre otras cosas, este coeficiente β nos será muy útil para clasificar los activos financieros en función de esa volatilidad, como veremos en el próximo apartado.

El coeficiente α nos da el punto de intersección de la línea característica con el eje de ordenadas, y nos indica la rentabilidad esperada del valor i cuando la del mercado es nula.

---

[4] Es indiferente usar β_i, $\beta_i^2 \sigma_M^2$ o $\beta_i \sigma_M$ pues todas estas expresiones nos miden el riesgo sistemático o de mercado, según la conveniencia de cada situación.

El riesgo no sistemático o específico de cada título viene dado por la varianza de ε_{it} cuya interpretación también es identificable como:

Riesgo no sistemático= ε_{it}^2 = Riesgo total-Riesgo sistemático

Una vez estimados los parámetros α y β la recta de regresión que mejor se ajusta a la nube de puntos definida por el modelo ha sido denominada "línea característica" del título i, que se corresponde con la recta de regresión obtenida del "modelo de mercado" de Sharpe, una vez hecho el cambio de variable I por R_{Mt}

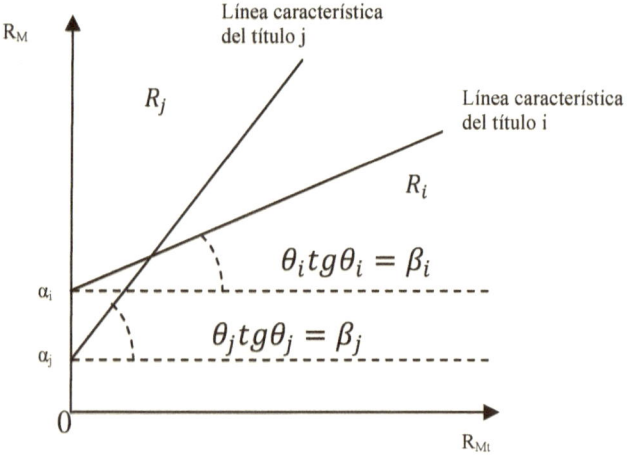

Análogamente se define la línea característica de la cartera p a la recta de regresión que corresponde con el modelo, siendo N el número de títulos de la cartera.

$$R_{pt} = \alpha_p + \beta_p R_{Mt} + \varepsilon_{pt} \quad ; \quad t, i = 1, 2, \ldots, T$$

$$\alpha_p = \sum X_i \alpha_i \quad , \quad \beta_p = \sum X_i \varepsilon_{it}$$

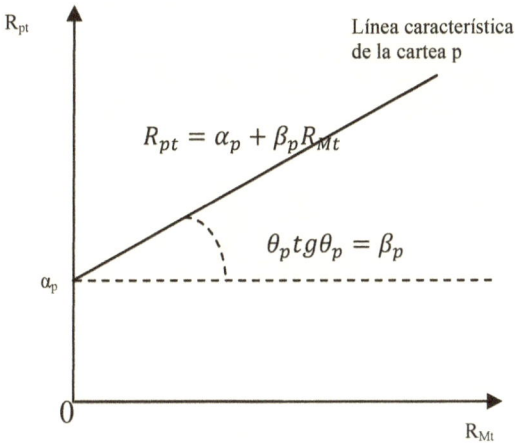

3.2 LA ESTIMACIÓN DE LOS PARÁMETROS α_i Y β_i

A partir del modelo planteado como

$$R_{it} = \alpha_i + \beta_i R_{Mt} + \varepsilon_{it} \quad ; \quad t, i = 1, 2, \ldots, T$$

la estimación de los parámetros por el método de los mínimos cuadrados nos lleva a las soluciones:

$$\alpha_i = \overline{R_i} - \beta_i \overline{R_M}$$

$$\beta_i = \frac{\sum \left(R_{it} - \overline{R_i}\right)\left(R_{Mt} - \overline{R_M}\right)}{\sum (R_{Mt} - \overline{R_M})^2} = \frac{\text{Cov}(R_i, R_M)}{\sigma_M^2}$$

en donde R_{it} es la media muestral de R_{it} ; R_{Mt} la media muestral de R_{Mt} ; $Cov\ (R_i,\ R_M)$ la covarianza muestral entre R_{it} y R_{Mt} y $\sigma_M{}^2$ la varianza muestral de R_{Mt}

El coeficiente de correlación viene dado por

$$r^2 = 1 - \frac{\sigma_i^2}{\sigma^2(R_i)}$$

donde

$$\sigma_i^2 = \frac{1}{T} \sum \varepsilon_{it}^2$$

es la varianza de ε_{it}

$$\sigma^2(R_i) = \frac{\sum (R_{it} - R_i)^2}{T}$$

varianza total de R_{it}

que nos indica en tantos por uno de las variaciones de R_{it} que son explicadas por las variaciones de R_{Mt} mientras que el resto de variaciones de R_{it} serán debidas a los efectos de ε_{it}. Cuanto más se acerque a 1, mayor capacidad explicativa tendrá el modelo.

Sustituyendo σ_i^2 y $\sigma^2(R_i)$ obtenemos que

$$r = \frac{\text{Cov}(R_i, R_M)}{\sigma(R_i)\sigma_M^2}$$

que es el Coeficiente de Correlación de Pearson.

3.3 CONSIDERACIONES SOBRE LAS BETAS HISTÓRICAS

En muchos casos se puede observar que el coeficiente beta varía de un período a otro, lo que en principio dificulta la obtención de un estadístico adecuado para el análisis futuro de un valor. Esta variación de la beta puede ser explicada en base a varias razones. En primer lugar, el riesgo (medido por β) de un valor varía con el tiempo. En segundo lugar, la beta de cada periodo está calculada con un error aleatorio que, cuanto mayor sea, menor es la bondad del coeficiente y menor es el poder de predicción sobre betas futuras. Por otro lado, si consideramos una cartera, los errores aleatorios cometidos en el cálculo de las betas individuales tenderán a anularse unos con otros, por lo que se observara una mayor estabilidad en las betas de una cartera que en la de los valores individuales.

Por otra parte es necesario saber seleccionar aquellas betas significativas de las que no lo son. Podemos distinguir entre betas buenas y malas observando el coeficiente de correlación, o a través del estadístico t de Student asociado a la ecuación de regresión. Una beta buena debe tener un coeficiente de correlación suficientemente alejado del punto cero, existiendo en la mayoría de los casos una correlación positiva dado que la correlación negativa es difícil de encontrar.

3.4 CLASIFICACIÓN DE LOS ACTIVOS FINANCIEROS SEGÚN SU VOLATILIDAD.

Como ya hemos visto a lo largo de este trabajo, al coeficiente β se le denomina también coeficiente de volatilidad: las rentabilidades de los títulos son tanto más volátiles cuanto mayor es su coeficiente beta.

En función a esta volatilidad, podemos hacer una clasificación de los activos financieros como:

-Activo neutro o de volatilidad normal, es aquel cuyo coeficiente de volatilidad es igual a uno ($\beta = 1$). Es decir que una variación en la rentabilidad del mercado conduce a una variación idéntica en la rentabilidad del título.

-Activo defensivo o poco volátil, se define como el que tiene un coeficiente de volatilidad inferior a la unidad ($\beta < 1$). Es decir que tienden a "amortiguar" las oscilaciones en la rentabilidad general del mercado.

-Activo agresivo o muy volátil es aquel cuyo coeficiente de volatilidad sea mayor que uno ($\beta > 1$), es decir, aquellos que tienden a ampliar las oscilaciones del mercado.

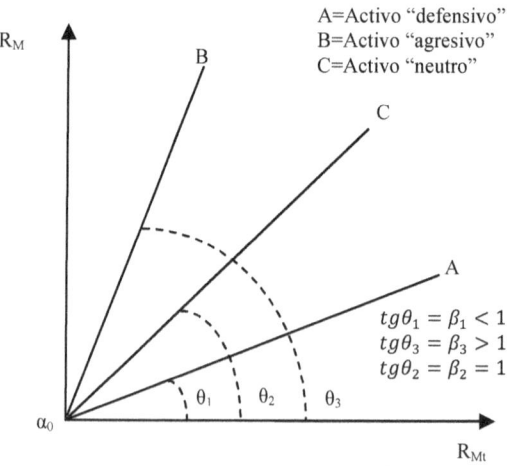

4. LA TEORÍA DEL EQUILIBRIO EN EL MERCADO DE CAPITALES

Una realidad evidente que se debe añadir al modelo de Markowitz es la de tener en cuenta la posibilidad de que el inversor no dedique toda su inversión en activos con riesgo, sino que una parte la invierta en activos sin riesgo (préstamos) al tipo de interés R_f y también la posibilidad de invertir en valores una cantidad superior a la disponible financiando la diferencia como endeudamiento también a un tipo R_f. Así hablaremos de carteras con préstamo (Lending Portfolios) y de carteras con endeudamiento (Borrowing Portfolios). En realidad estamos simplificando el tipo al que se presta y al que se toma prestado a un mismo tipo R_f pues sabemos que en efecto este precio suele ser distinto para cada caso.[5]

4.1 LA FRONTERA EFICIENTE EN ESTE NUEVO CONTEXTO

Como veremos, las carteras formadas por el activo sin riesgo y una determinada cartera de la frontera de Markowitz son preferibles a las de dicha frontera.

Esto es fácilmente deducible con un ejemplo:

Si tenemos las carteras A y B de la frontera eficiente con volatilidades 1 y 1,5 cada una, y un rendimiento esperado 11% y 14%, respectivamente, y supongamos que el título sin riesgo tiene un rendimiento del 10%.

---

[5] Un claro ejemplo de las implicaciones de incluir activos sin riesgo en la cartera puede encontrarse en Pérez Gorostegui, "La selección de carteras (II): la introducción de activos sin riesgo, y el modelo de Mercado" (ver bibliografía al final del trabajo)

Si formamos la cartera con un 75% sin riesgo y un 25% con riesgo de la cartera B, tendremos como resultados:

rendimiento: 0,75x10+0,25x14=11%

riesgo: 0,75x0+0,25x1,5=0,375

Como vemos, esta cartera mixta es preferible a la cartera A que pertenece a la frontera eficiente.

Al tener en cuenta esta posibilidad de prestar o pedir prestado una parte de la inversión, la curva de carteras eficientes de Markowitz se convierte en una recta. La rentabilidad de la cartera mixta, formada por activos con y sin riesgo vendrá dada por la expresión:

$$R_p = X_1 R_f + X_2 R \text{ , siendo } X_1 + X_2 = 1$$

donde X_1, es la parte de la inversión cedida en forma de préstamo o adeudada (si es mayor que cero se presta y si es menor que cero se pide prestado), y X_2 la parte que se dedica a activos con riesgo.

La esperanza de R_p será

$$E[R_p] = E_p = X_1 R_f + X_2 E[R] = X_1 R_f + (1 - X_1)E[R]$$

y la varianza

$$\sigma^2(R_p) = \sigma_p^2 = X_2^2 \sigma^2(R) = (1 - X_1)^2 \sigma^2(R)$$

siendo

$$\sigma_p = \sigma(R_p) = (1 - X_1)\sigma(R)$$

puesto que R_f es constante, su esperanza será R_f y su varianza igual a cero.

La relación funcional entre E_p y σ_p, vendrá dada por la pendiente

$$\frac{\partial E_p}{\partial \sigma_p} = \frac{E(R) - R_f}{\sigma(R)}$$

y la ordenada en el origen $E_p = R_f$, cuando $X_1 = 1$ es decir la recta

$$E_p = R_f + \frac{E(R) - R_f}{\sigma(R)}\sigma_p$$

que gráficamente:

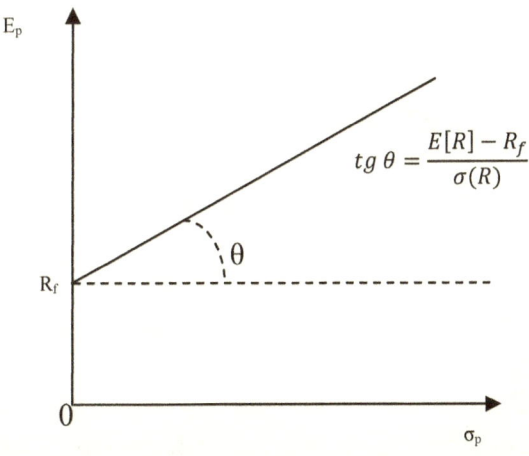

Que superponiendo con la región de carteras posibles (oportunity set), tendremos:

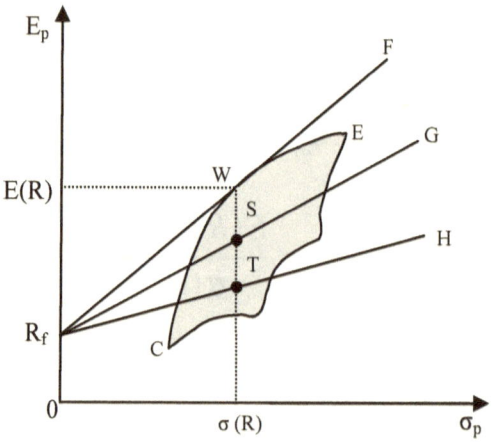

Al considerar la posibilidad de inversión sin riesgo, el conjunto de carteras eficientes viene definido por la recta R_fWF y no ya por la curva CE.

En este contexto tendremos que:

-En R_f se presta toda la inversión.

-En W se invierte todo en activos con riesgo.

-Entre R_f y W, una parte se presta y otra se invierte en activos con riesgo (Lending Portfolios).

-Entre W y F se invierte en activos con riesgo más de lo disponible y se financia la diferencia con deudas (Borrowing Portfolios)

La selección de la cartera óptima en este nuevo contexto seguirá obviamente dependiendo de la forma de las curvas de indiferencia de cada inversor, pudiéndose presentar los casos:

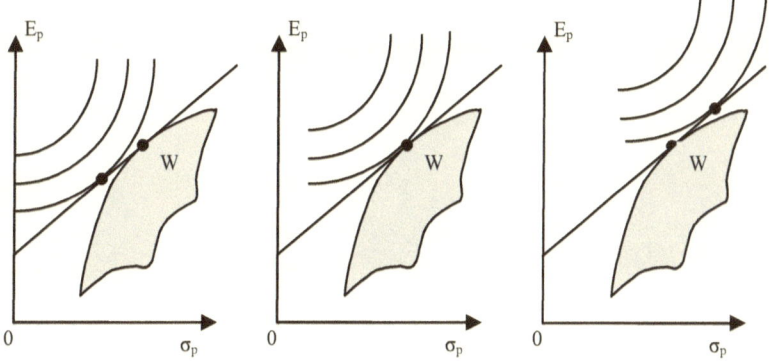

4.2 EL TEOREMA DE LA SEPARACIÓN

Según Tobin, la función de utilidad del inversor afecta únicamente a la cantidad que es prestada o tomada en préstamo, pero no afecta en absoluto a la definición de la cartera óptima W. La razón no es otra que cuando definimos un rendimiento sin riesgo R_f al que se puede prestar y tomar prestado, la cartera de mercado domina a todas las demás. En esencia, la decisión de invertir se divide en dos parles claramente separadas:

-Determinar la cartera W de activos con riesgo óptimo.

-Especificar la proporción del presupuesto a invertir en el activo con riesgo W y la que se va a prestar o pedir prestada en función de sus preferencias individuales.

4.3 LA LÍNEA DEL MERCADO DE CAPITALES O CAPITAL MARKET LINE (CML)

Bajo el supuesto de un comportamiento homogéneo por parte de los inversores, la cartera con riesgo definida por el punto W es el activo con riesgo que va a ser elegido por todos los inversores individuales combinando activos con y sin riesgo. Todos los inversores comprarán los mismos títulos y en la misma proporción en que dichos títulos se hallan contenidos en la cartera W.

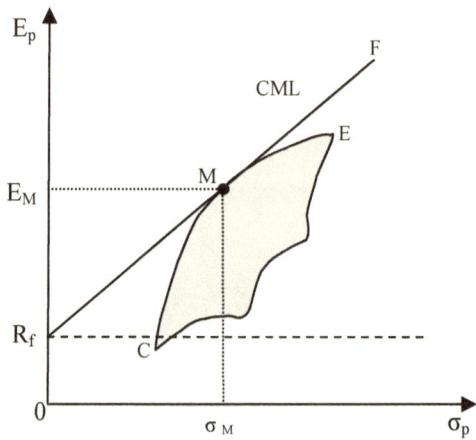

En condiciones ideales de funcionamiento, la dinámica del mercado llevará a que la composición de esa cartera W coincida con la de mercado, es decir, que en ella se contengan todos los títulos del mercado y en las mismas proporciones que las representadas por los valores de los distintos títulos con relación al valor total del mercado.

Por tanto el mercado de capitales en su conjunto tomará la cartera con riesgo W como la "cartera de mercado N". En este caso la recta R_fMF que representa la situación de equilibrio en el mercado, suele denominarse "línea del mercado de capitales" o Capital Market Line (CML), cuya ecuación responde a la expresión:

$$E_p = R_f + \frac{E_M - R_f}{\sigma_M} \sigma_p$$

Esta nueva línea, la CML, se convierte en la nueva frontera eficiente, de tal manera que al introducir el activo sin riesgo, solo existe una cartera W que puede ser óptima.

Todo punto de la CML nos indica la proporción de la cartera W y de préstamos al tipo R_f, que un inversor puede tener. Si se sitúa a la izquierda del punto W tiene una parte de su fortuna invertida en la cartera definida por E_M y σ_M y otra parte prestada al tipo de interés sin riesgo. Si por el contrario se sitúa a la derecha de dicho punto, tendrá invertida su fortuna en dicha cartera y además habrá pedido cierta cantidad prestada para reinvertirla en la cartera W.

Como variable aproximativa del comportamiento del mercado y para estimar E_M y σ_M, se suele tomar un índice bursátil.[6]

Para contrastar la validez empírica de la Teoría del mercado de capitales o CML a partir del modelo

$$E_{ip} = R_f + C\sigma_{ip} + \varepsilon_i \; ; i = 1,2,\ldots,n$$

donde n es el número de carteras de la muestra, C la relación entre rendimiento y riesgo siendo

$$C = \frac{E_M - R_f}{\sigma_M}$$

---

[6] La CML con la que se opera en la práctica suele hallarse por debajo de la CML teórica aunque con igual ordenada en el origen R_f. Esto es debido a que la utilización de índices bursátiles no proporciona carteras eficientes pues se confeccionan en base a una muestra de los títulos negociados en el mercado y no se toman todos los que realmente son. Sin embargo las ventajas operativas de usar este tipo de índices compensan esta pequeña dificultad.

5. CAPITAL ASSET PRICING DEL (CAPM) ARBITRAGE PRICING THEORY (APT)

5.1 LÍNEA DE MERCADO DE VALORES O SML. UNA APROXIMACIÓN INTUITIVA.

Bajo la teoría del equilibrio en el mercado de capitales, se veía que el rendimiento esperado de una cartera mixta (con préstamo o endeudamiento) era igual al rendimiento de los activos sin riesgo R_f más una "prima" (E_M-R_f) por cada unidad adicional de riesgo según se deduce de la CML, que llamaremos "prima de riesgo".

Sin embargo las carteras eficientes son aquellas de varianza mínima, habiendo desaparecido su riesgo no sistemático (especifico de cada título) con la diversificación. Por tanto, en el conjunto de carteras eficientes la relación rendimiento-riesgo en una situación de equilibrio del mercado podrá expresarse como

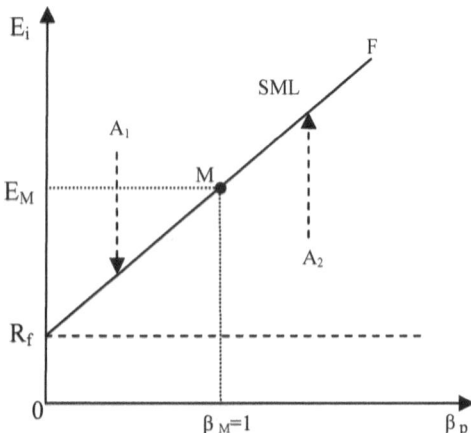

que es otra forma de presentar la CML[7] cuya ecuación será ahora:

$$E_p = R_f + [E_M - E_f]\beta_p$$

En el equilibrio todos los valores deben estar en la SML, por lo que la SML puede ser un elemento útil para el análisis del precio de las acciones.

En el punto A_1 se representan valores cuyo precio se encuentra por debajo del que le correspondería en equilibrio. Son valores subvalorados, con una rentabilidad superior de la que le corresponde para su nivel de riesgo sistemático. Estos valores serán objeto de demanda, lo que hace que su precio aumente hasta llegar a la rentabilidad de equilibrio sobre la SML.

Análogamente, en el punto A_2 se representan valores sobrevalorados cuya rentabilidad no es suficiente para inducir al inversor racional a aceptar su nivel de rendimiento/riesgo. Su precio debería disminuir hasta llegar al punto de equilibrio en la SML.

Existen algunas objeciones a este modelo en el sentido de que está basado en unos supuestos que no siempre se cumplen en la práctica. Algunas de esas objeciones son:

---

[7] Esto es así pues

$$\beta_p = \frac{\text{Cov}(R_i, R_M)}{\sigma_M^2}$$

y cuando $R_i = R_M$, Cov $(R_i, R_M) = \sigma_M^2$, por tanto $\beta_M = 1$

-El inversor no toma sus decisiones sólo en función de las cotizaciones históricas de un valor, sino también en función de las expectativas.

-Se supone que la línea característica permanece constante a lo largo del tiempo.

-Hay que analizar las β para comprobar su capacidad explicativa. Será buena si tiene un coeficiente de correlación suficientemente alejado del punto cero, existiendo en la mayoría de los casos una correlación positiva.

5.2 EL CAPM Y LA VALORACIÓN DE ACTIVOS

La SML en cuanto relación de equilibrio entre el rendimiento esperado de un activo y su riesgo, constituye un elemento ad hoc para la valoración de activos financieros.

Una fórmula universalmente utilizada para valorar activos financieros con riesgo y, concretamente, acciones, es la siguiente:

$$P_0 = \frac{D_1 + P_1}{1 + k}$$

donde P_0 es el valor actual de la acción en cuestión; D_1 son los dividendos esperados al final del periodo de referencia (generalmente, un año); P_1 el valor de realización que se espera tenga la acción al final del periodo y k la tasa de descuento que los inversores aplican a rentas de la misma clase de riesgo que la del activo.

Este valor k es la tasa de rendimiento que como mínimo ha de producir una acción para que su valor de cotización se mantenga sin cambios, es decir, el coste del capital propio o capital de riesgo de la empresa en cuestión.

El CAPM proporciona un criterio objetivo para especificar el valor de k, pues conociendo el coeficiente β de la acción que se trata de valorar, para cuya estimación se habrá tenido en cuenta los rendimientos pasados y sus perspectivas futuras, el CAPM nos permite obtener la tasa de descuento k de la forma:

$$E_i = k = R_f + [E_M - R_f]\beta_i$$

que sustituyendo en P_0 obtenemos:

$$P_0 = \frac{D_1 + P_1}{1 + R_f + [E_M - R_f]\beta_i}$$

5.3 LIMITACIONES Y EXTENSIONES DEL CAPM

Una de las principales razones de la popularidad de este modelo de valoración de activos financieros es su "testabilidad", es decir, la posibilidad de contrastación empírica.

Pero presenta no obstante limitaciones importantes:

-La SML (relación fundamental del CAPM) utiliza valores a priori y sin embargo su contrastación empírica tiene que hacerse en base a valores históricos.[8] La rentabilidad histórica de un valor (ex-post) no suele ser el índice principal sobre el que el inversor toma su

---

[8] Es este el problema que se presenta siempre que se utilizan valores ex-post para contrastar teorías que se basan en valores ex-ante.

decisión de invertir, suele justificarse en función de las expectativas, aunque en esta influyan consideraciones históricas.

-En el CAPM se presupone que el mercado de capitales se halla en equilibrio, en el sentido en que esto significa que todos los inversores son diversificadores eficientes en los términos de Markowitz, además de otros supuestos simplificadores de la realidad, como igual información para todos, expectativas comunes, etc.

-Supone además que la cartera de mercado M es eficiente, lo que no siempre concuerda con la realidad. Los índices bursátiles que generalmente se toman como variables aproximativas, difícilmente se corresponden con la verdadera realidad de la cartera de mercado.

5.4 MODELO DE VALORACIÓN DE ACTIVOS FINANCIEROS POR ARBITRAJE (APT)

El modelo de valoración de activos por arbitraje o Arbitrage Pricing Theory (APT) fue propuesto por Stephen A. Ross en 1976. Según este método, el riesgo sistemático es el factor explicativo fundamental del comportamiento de la rentabilidad de los activos financieros, si bien aquel no se mide únicamente por el coeficiente β sino por una serie de coeficientes asociados a otros tantos factores explicativos no especificados a priori que operan de forma aditiva; son estos los "factores comunes de riesgo". El APT parte del supuesto de que los rendimientos de los activos financieros son generados por un proceso estocástico del tipo

$$R_{it} = E_i + b_{it}F_{1t} + b_{i2}F_{2t} + \cdots + b_{ik}F_{kt} + \varepsilon_{it}$$

para i=1,2,....,N y t=1,2,...,T

donde R_{it} es la variable que describe el comportamiento de la rentabilidad del activo i; E_i su esperanza; F_{jt} la realización en el momento t del factor no-observable j-ésimo, distribuido con media cero; k el número de factores de riesgo comunes y ε_{it} la perturbación aleatoria. Los coeficientes b_{ij} miden la volatilidad de la rentabilidad R_{it} con respecto al factor j-ésimo.

6. LA MEDIDA DE LA "PERFORMANCE" DE LAS CARETERAS

Cuando se habla del análisis de la performance de los activos financieros (carteras o títulos) se hace referencia al análisis de sus resultados. Muchas veces carece de sentido analizar los resultados por elementos tan simplistas como el rendimiento medio, si no se ha tenido en cuenta para ello el riesgo que el inversor ha tenido que soportar para obtener ese rendimiento. Hace falta por lo tanto, evaluar el rendimiento sin olvidar el riesgo soportado.

Para ello existen una serie de índices que resumen el rendimiento y el riesgo para juzgar una determinada inversión financiera.

El diseño de estos índices surge como respuesta a una necesidad creciente de poder evaluar la gestión de los grandes gestores de carteras (sociedades, fondos de inversión mobiliaria, etc.)

Para la medición de la *performance* juega un papel muy importante lo que en otra parte de este trabajo hemos denominado "prima de riesgo", definida como $(E_p\text{-}R_f)$, la diferencia entre los rendimientos generados por el activo sin riesgo y el activo con riesgo.

6.1 ÍNDICE DE SHARPE

Se define como la expresión:

$$S_p = \frac{E_p - R_f}{\sigma_p}$$

que expresa la prima de riesgo obtenida por cada unidad de riesgo soportado por la cartera, y constituye una medida del grado de deseabilidad de la cartera por parte de sus gestores. Si por medio de un índice bursátil se calcula también el S_p para la cartera de mercado, ésta se puede comparar con el índice de Sharpe correspondiente para otras carteras. Así podremos ordenarlas de mayor a menor, al tiempo que se las podrá comparar con la *performance* de la cartera de mercado, cuya representación es:

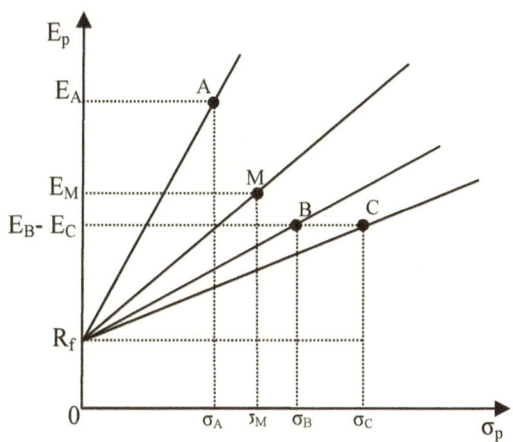

El orden de preferencia obtenido es A, M, B, C dado que $S_A > S_M > S_B > S_C$. Por lo tanto, la cartera A ha "batido" a la cartera de mercado M, mientras que las carteras B y C han sido "batidas" por esta última.

El resultado de la cartera M, equivale al resultado de una cartera que no ha sido gestionada profesionalmente, es decir que ha fluctuado con la del mercado.

6.2 ÍNDICE DE TREYNOR

Treynor propone evaluar la prima de riesgo en función del riesgo sistemático obtenido por β_p. La expresión de este índice es la siguiente:

41

$$T_p = \frac{E_p - R_f}{\beta_p}$$

Este índice suele denominarse también "ratio premio/volatilidad", ya que representa el premio que por término medio ha pagado la cartera por cada unidad de volatilidad. Una cartera será tanto mejor cuanto mayor sea el valor de T_p, es decir, cuanto mayor sea el premio que la cartera paga por cada unidad de riesgo sistemático.

Su interpretación gráfica es análoga a la expuesta para el índice de Sharpe.

6.3 ÍNDICE DE JENSEN

Con los índices de *performance* se pretende comparar, en último término, los rendimientos obtenidos por una cartera gestionada por expertos con los que hubiera podido obtener cualquier inversor que colocara sus fondos en una combinación de la cartera de mercado M y el activo sin riesgo R_f. Un mercado en equilibrio pagaría únicamente el riesgo sistemático de los activos financieros (pues se supone diversificación eficiente y desaparece el riesgo no sistemático), situándose las combinaciones rendimiento riesgo sistemático de todos ellos sobre la SML, es decir, sobre la recta de ecuación:

$$E_p = R_f + [E_M - R_f]\beta_p$$

La cartera E_p, que "bate" al mercado es la que se logra situar por encima de la SML en una cantidad J_p

$$E_p = R_f + [E_M - R_f]\beta_p + J_p$$

de donde $J_p = (E_p\text{-}R_f)\text{-}\beta_p(E_M\text{-}R_f)$

Este es el que se conoce como índice de Jensen, llamado también "rentabilidad diferencial". En base a este índice, Jensen clasifica los activos financieros como "superiores", "inferiores" y "neutros", según que J_p sea positivo, negativo o nulo, respectivamente.

Como vemos en la figura, el activo G es "superior" ($J_G > 0$), mientras que H es inferior, puesto que su rentabilidad media E_M, es inferior a la de una gama de activos situados sobre la SML, formados a base de combinaciones de la cartera de mercado M y el activo sin riesgo R_f.[9]

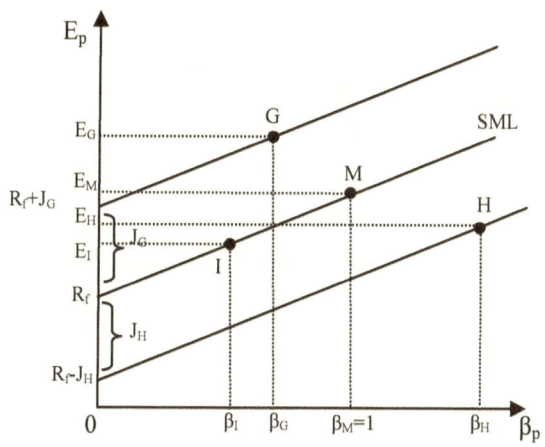

---

[9] Sobre un ejemplo ilustrativo de la medida de la *performance*, ver Suárez Suárez (ya citado), páginas 525 a 527.

7. ESTRATEGIAS DE CARTERA

El punto de partida evidente es la definición de objetivos. Un análisis inicial debería delimitar, en términos generales, los siguientes presupuestos básicos:

-Grado de tolerancia al riesgo.
-Rendimiento mínimo que debe ser garantizado.
-Existencia de restricciones legales, técnicas, etc. (opciones, acciones de empresas pequeñas, etc.).
-Horizonte temporal de la inversión, definido o no.

En general, las inversiones se pueden realizar aplicando métodos activos o métodos pasivos. Los métodos activos tratan de obtener una rentabilidad superior a la media del mercado, mientras que los pasivos persiguen lograr una rentabilidad media, mediante una diversificación elevada pero sin riesgo.

En el marco de Markowitz podemos plantear dos tipos de estrategias:

A) Estrategias Pasivas: La más conocida es la de indización, es decir, generar una cartera que refleje fielmente el mercado y que por ello genere un rendimiento similar al del mercado.

B) Estrategias Activas: Por una parte se puede plantear una estrategia activa con elementos pasivos, es decir que contenga una parte de la cartera indiciada y otra meramente especulativa. Esta posición especulativa puede responder a tomar posiciones especulativas tanto en acciones como en opciones, futuros, etc. No obstante es prudente mantener una fuerte posición en la parte pasiva, siendo la postura más extendida la del 90/100 (90% indiciada y 10% especulativa).

Por otra parte otra estrategia consiste en partir de una valoración fundamental de títulos y una estimación de su riesgo. Con ello se construye la frontera eficiente de Markowitz Y se selecciona una cartera de acuerdo a la actitud del inversor hacia el riesgo.

De todas formas se pueden hacer combinaciones de estrategias muy variadas en función de las preferencias de cada uno.

En el marco del modelo CAPM se parte de elegir primeramente la β de la cartera con el objetivo de diversificar el riesgo sistemático.

Una cartera pasiva se construye de forma similar a la del mercado, con una β próxima a la unidad, e incluir 10 o 15 títulos para hacer desaparecer el riesgo no sistemático.

Una cartera activa consiste en formar una cartera distinta a la del mercado, con una β distinta de 1 y que ofrezca distintas opciones:

-Si β es menor que 1: construir la cartera de mercado y combinarla con una parte en renta fija.

-Si β es mayor que 1: seleccionar títulos cuya β sea también mayor que uno y combinarlos de forma que desaparezca el riesgo no sistemático. Como las β son altas, se puede incluso tomar posiciones a crédito, es decir, tomar prestado.

En el marco de la gestión de carteras se puede plantear también la opción de que diversos gestores de la cartera se especialicen cada uno en un segmento del mercado de forma que cada cual seleccione los títulos más rentables.

De los seleccionados por todos los gestores, se incluyen en la cartera global, con lo que se logra fácilmente la diversificación. Un ejemplo de ello podría ser dividir a los analistas cuatro grupos:

-Grupo A: Se ocupa de empresas en crecimiento y de gran calidad.

-Grupo B: Títulos volátiles, de alta rentabilidad y bajo precio.

-Grupo C: Pequeñas empresas en fase de crecimiento agresivo.

-Grupo D: Combinación aleatoria de todo tipo de empresas.

Para "batir al mercado" (método activo) habrá que predecir qué gestores obtendrán mejores resultados y entregar la mayor parte del capital a estos grupos.

Un ejemplo de método pasivo consiste en usar un fondo índice que es una cartera cuyos títulos tienen un coeficiente de participación semejante a la ponderación que tienen en el índice de la Bolsa. Con ello se consigue:

-La compraventa se realiza con escasa frecuencia, lo cual se traduce en una reducción del coste de las transacciones.

-No es necesario gestores profesionales: se evitan gastos de gestión.

-Si el índice es representativo, se obtendrá una rentabilidad próxima a la media del mercado.

-Con 15 ó 20 títulos, se obtiene una cartera lo suficientemente diversificada.

Finalmente un método mixto entre activo y pasivo consiste en tomar gestores especializados en distintos segmentos del mercado y se le asigna a cada uno los fondos de forma que el coeficiente de participación sea reflejo de la participación de cada sector en el índice. Estos gestores tomaran los mejores valores de su segmento.

8. BIBLIOGRAFÍA

- Alierta Izuel, C. y Taberna Gaztambide, P.:"La renta variable en un modelo de gestión eficiente de carteras" en "Curso de Introducción a Bolsa", Ed. Bolsa de Madrid, Servicio de Estudios. Madrid, 1987.

- Mauleón, I.:"Inversiones y riesgos financieros". Ed. Espasa Calpe. Madrid, 1991.

- Pérez Gorostegui, E.;"La selección de carteras: combinando títulos sin riesgo", "La selección de carteras (11): la introducción de activos sin riesgo y el modelo de mercado" y "Volatilidad, riesgo sistemático, riesgo especifico y selección de carteras en la práctica", en Actualidad Financiera, números 40, 41 Y 42, respectivamente de Noviembre de 1988.

- Suárez Suárez, A.:"Decisiones óptimas de inversión y financiación en la empresa". Ed. Pirámide, año l991.

www.ingramcontent.com/pod-product-compliance
Lightning Source LLC
Chambersburg PA
CBHW021933170526
45157CB00005B/2309